Mariusz Motyka

Yahagi
Japanese Light Cruiser

The Japanese light cruiser Yahagi was built as the third Agano-class vessel. Construction work on the ship was commenced on 11 November 1941 at Sasebo shipyard. The ship was launched on 25 October 1942 and was commissioned on 29 December 1943. Modernizations of the ship during her service consisted mainly in adding new antiaircraft guns (in face of heavy losses suffered by the Imperial Japanese Navy at the hands of the US aircraft) and upgrade of the radars in order to improve capability of detecting enemy vessels and aircraft. Early in service Yahagi conducted crew training and anti-submarine patrols. In October 1944 Yahagi took part in air and naval battle of Leyte, including the battle of the Sibuyan Sea on 24 October 1944 and battle off Samar on 25 October 1944, during which the ship suffered minor damage and lost one E13A1 floatplane. On 7 April 1945 during Operation Ten-gō Yahagi, escorting the battleship Yamato along with eight destroyers was spotted by American reconnaissance aircraft. Within a few minutes since the beginning of the attack Yahagi was hit by seven torpedoes and at least 12 bombs, due to which the cruiser turned over to the starboard side and sank at 30°47′N, 128°08′E with 446 crewmembers.

Japoński lekki krążownik Yahagi został zbudowany jako trzecia jednostka typu Agano. Prace nad budową okrętu rozpoczęto w stoczni Sasebo 11 listopada 1941 r., 25 października 1942 został on zwodowany, a 29 grudnia 1943 wszedł do służby. Modernizacja okrętu w trakcie służby polegała głównie na dozbrojeniu Yahagi w dodatkowe stanowiska artylerii p/lot (wobec ogromnych strat ponoszonych przez Cesarską Marynarkę Wojenną wskutek ataków amerykańskiego lotnictwa) oraz unowocześnianiu radarów w celu zwiększenia możliwości wykrywania wrogich jednostek i lotnictwa. W początkowym okresie służby Yahagi prowadził szkolenie załogi i patrole przeciwko okrętom podwodnym. W październiku 1944 roku brał udział w lotniczo-morskiej bitwie o Leyte, w tym 24 października w starciach na Morzu Sibuyan i 25 października koło wyspy Samar – okręt odniósł niegroźne uszkodzenia oraz stracił jeden z wodnosamolotów E13A1. 7 kwietnia 1945 roku podczas operacji Ten-gō Yahagi eskortując wraz z ośmioma niszczycielami pancernik Yamato, został namierzony przez amerykańskie samoloty rozpoznawcze. W ciągu kilku minut od rozpoczęcia nalotu Yahagi otrzymał trafienia siedmioma torpedami i co najmniej 12 bombami, na skutek czego o godzinie 14:05 przewrócił się na prawą burtę i zatonął w pozycji 30°47′N 128°08′E wraz z 446 członkami załogi.

TECHNICAL AND PERFORMANCE DATA / DANE TECHNICZNE:

DIMENSIONS / WYMIARY: length overall / długość całkowita – 174,5 m • **length at waterline / długość na linii wodnej (KLW)** – 172,0 m • **beam overall / szerokość całkowita** – 15,2 m • **hull depth (amidships) / wysokość kadłuba (na śródokręciu)** – 10.2 m • **draft (at trial/full load displacement) / zanurzenie (przy wyporności próbnej/pełnej)** – 5,6/5,9 m • **DISPLACEMENT / WYPORNOŚĆ:** standard / standardowa – **6652 ts** • **trial (design/actual) / próbna (projektowana/rzeczywista)** – 7710/7887 t • full load / pełna – 8338 t • **PERFORMANCE / OSIĄGI:** maximum speed – 35 knots / **prędkość maksymalna** – 35 w. • **cruising (economy) speed** – 18 knots / prędkość podróżna (ekonomiczna) – 18 w. • **range (at cruising speed) / zasięg (przy prędkości podróżnej)** – 6000 Mm • **ARMAMENT / UZBROJENIE:** main battery – 6(3×2) 15 cm L/50 Type 41(152.4 mm) / **artyleria główna** – 6(3×2) armat 15cm L/50 Typ 41 kal. 152,4 mm • **heavy HA battery** – 4(2×2) 8 cm L/60 Type 98 (76.2 mm) / **ciężka artyleria przeciwlotnicza** – 4(2×2) armaty 8cm L/60 Typ 98 kal. 76,2 mm • **light AA artillery** – as completed: 14(2×3 + 4×2) 25 mm L/60 Type 96, final fit: 58(10×3 + 28×1) 25 mm L/60 Type 96 / **lekka artyleria przeciwlotnicza** – początkowo: 14(2×3 + 4×2) działek 25mm L/60 Typ 96 kal. 25 mm, ostatecznie: 58(10×3 + 28×1) działek 25mm L/60 Typ 96 kal. 25 mm • **torpedo armament** – 8(2×4) 61 cm Type 92 Model 4 launchers. 16 Type 93 Model 1 Mod. 1/2 610 mm torpedoes / **torpedowe** – 8(2×4) wyrzutni 61cm Typ 92 Model 4, 16 torped Typ 93 Model 1 Mod. 1/2 kal. 610 mm • **depth charges** – two rails, 18 Type 95 Mod. 1/2 depth charges (later: Type 2 Mod. 1/2) / **głębinowe** – dwie zrzutnie, 18 bomb głębinowych Typ 95 Mod. 1/2 (potem Typ 2 Mod. 1/2)

Yahagi. Japanese Light Cruiser • Mariusz Motyka
First edition / Wydanie pierwsze • LUBLIN 2016 • ISBN 978-83-64596-96-4

Translation / Tłumaczenie: **Jarosław Dobrzyński** • Color profiles / Plansze barwne: **Mariusz Motyka** • Scale drawings / Rysunki techniczne: **Mariusz Motyka** • Design: **KAGERO STUDIO**

Distribution / Dystrybucja: Oficyna Wydawnicza Kagero • www.kagero.pl • e-mail: kagero@kagero.pl, marketing@kagero.pl
Editorial Office, Marketing / Redakcja, Marketing: OW KAGERO, ul. Akacjowa 100, os. Borek, Turka, 20-258 Lublin 62, Poland, phone/fax +48 81 501 21 05

TOPDRAWINGS
Drawings / rysował © Mariusz Motyka 2016
The Japanese Light Cruiser Yahagi, 1945
Scale/skala 1:200 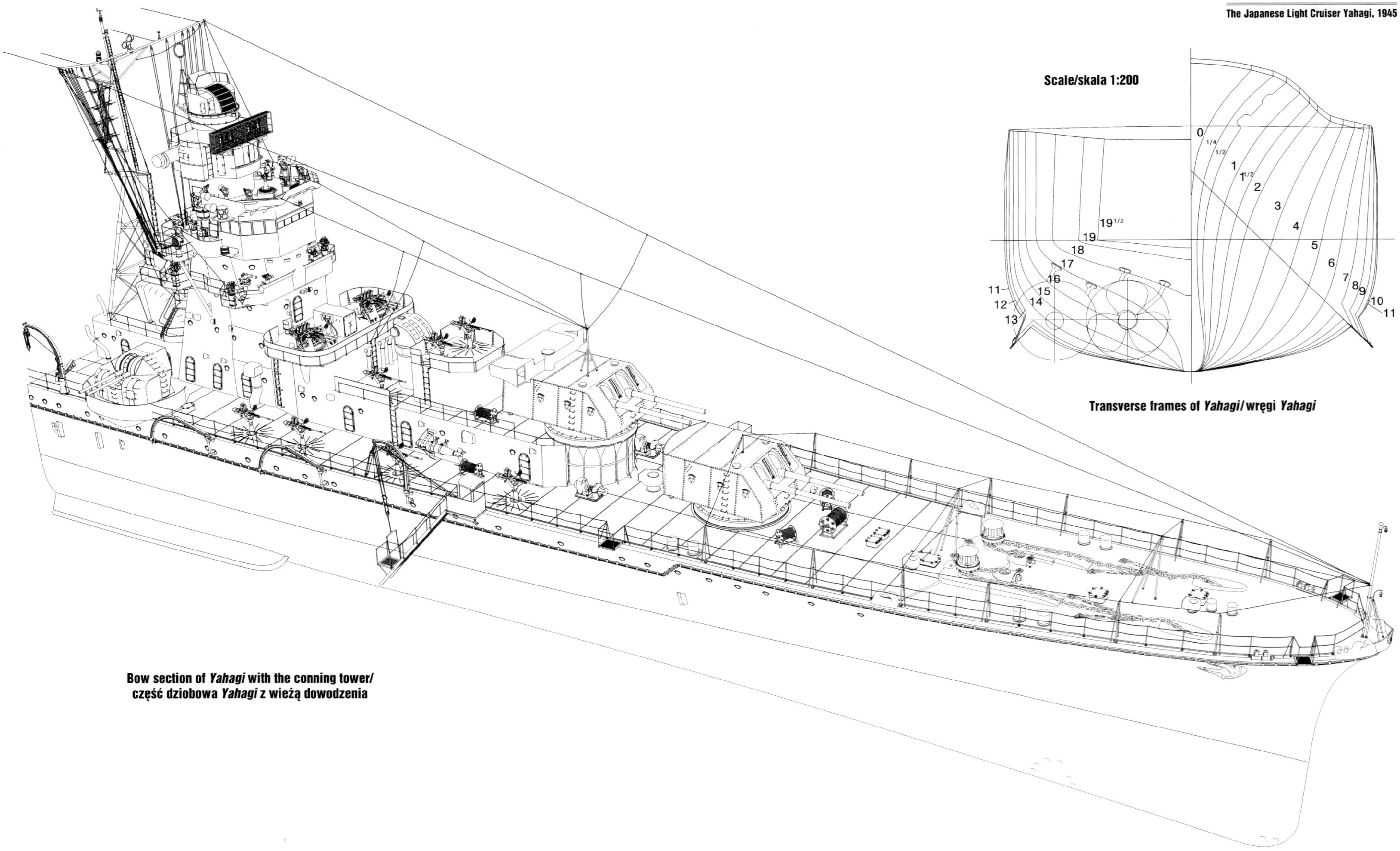
Transverse frames of Yahagi/ wręgi Yahagi
No scale/bez skali
Bow section of Yahagi with the comming tower/
część dziobowa Yahagi z wieżą dowodzenia
Sheet/Arkusz 1
www.kagero.eu
www.shop.kagero.pl

TOPDRAWINGS
Drawings / rysował © Mariusz Motyka 2016
The Japanese Light Cruiser Yahagi, 1945
No scale/bez skali 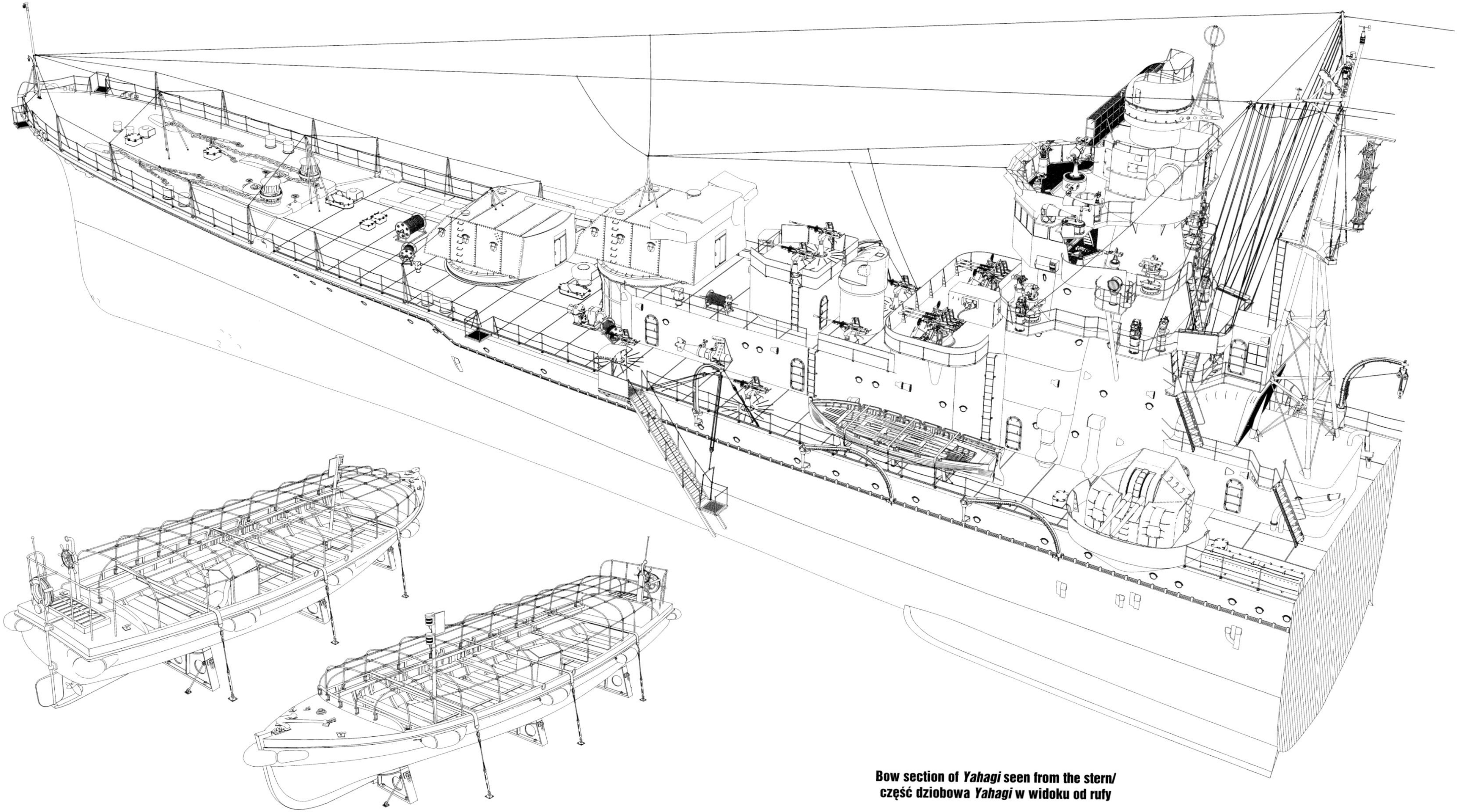
Sheet/Arkusz 2
Bow section of Yahagi seen from the stern/
część dziobowa Yahagi w widoku od rufy
12-meter motor boat/12-metrowa łódź motorowa
www.kagero.eu
www.shop.kagero.pl

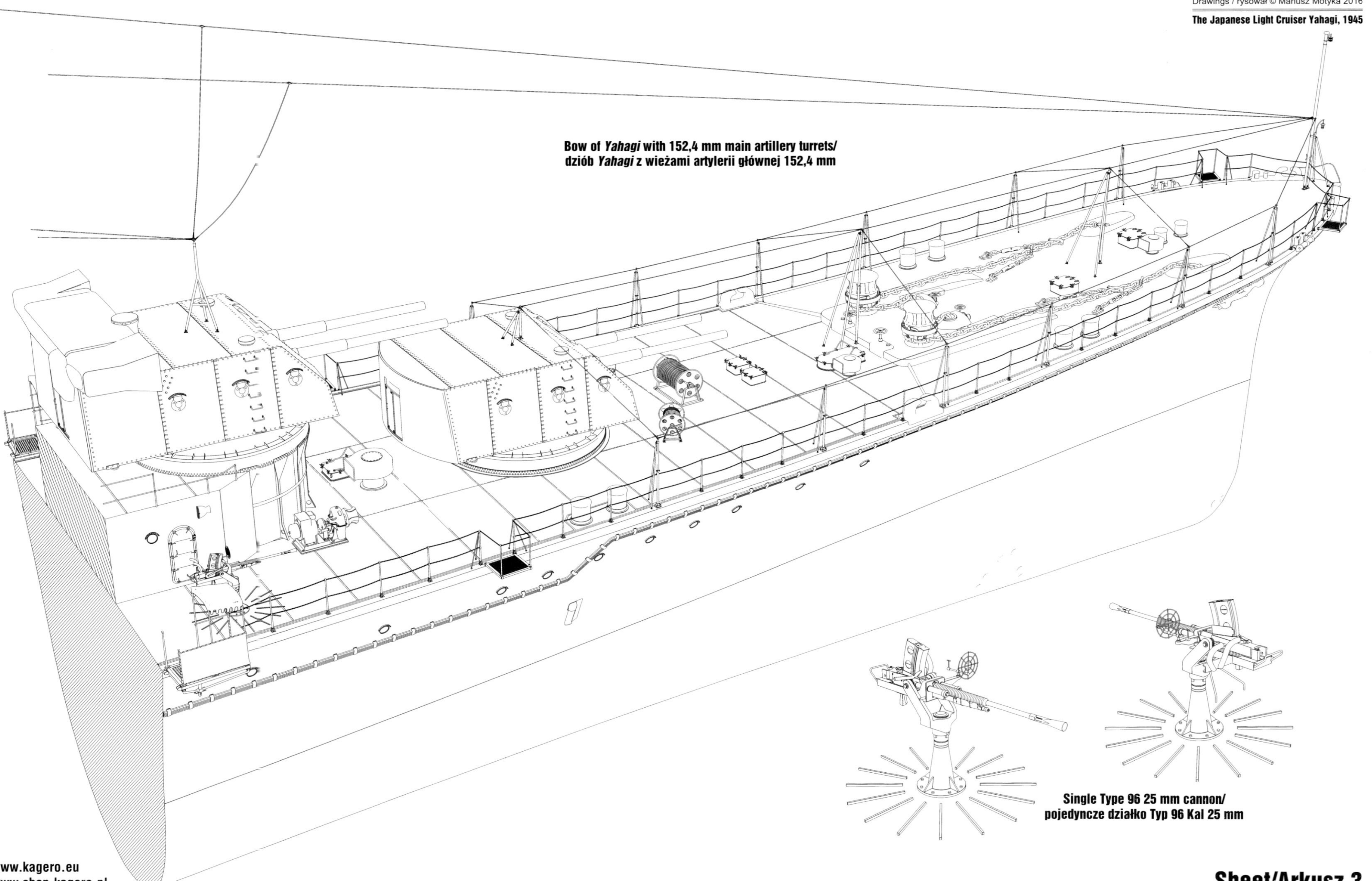

No scale/bez skali
TOPDRAWINGS
Drawings / rysował © Mariusz Motyka 2016
The Japanese Light Cruiser Yahagi, 1945
Bow of *Yahagi* with 152,4 mm main artillery turrets/
dziób *Yahagi* z wieżami artylerii głównej 152,4 mm
Single Type 96 25 mm cannon/
pojedyncze działko Typ 96 Kal 25 mm
www.kagero.eu
www.shop.kagero.pl
Sheet/Arkusz 3

TOPDRAWINGS

Drawings / rysował © Mariusz Motyka 2016

The Japanese Light Cruiser Yahagi, 1945

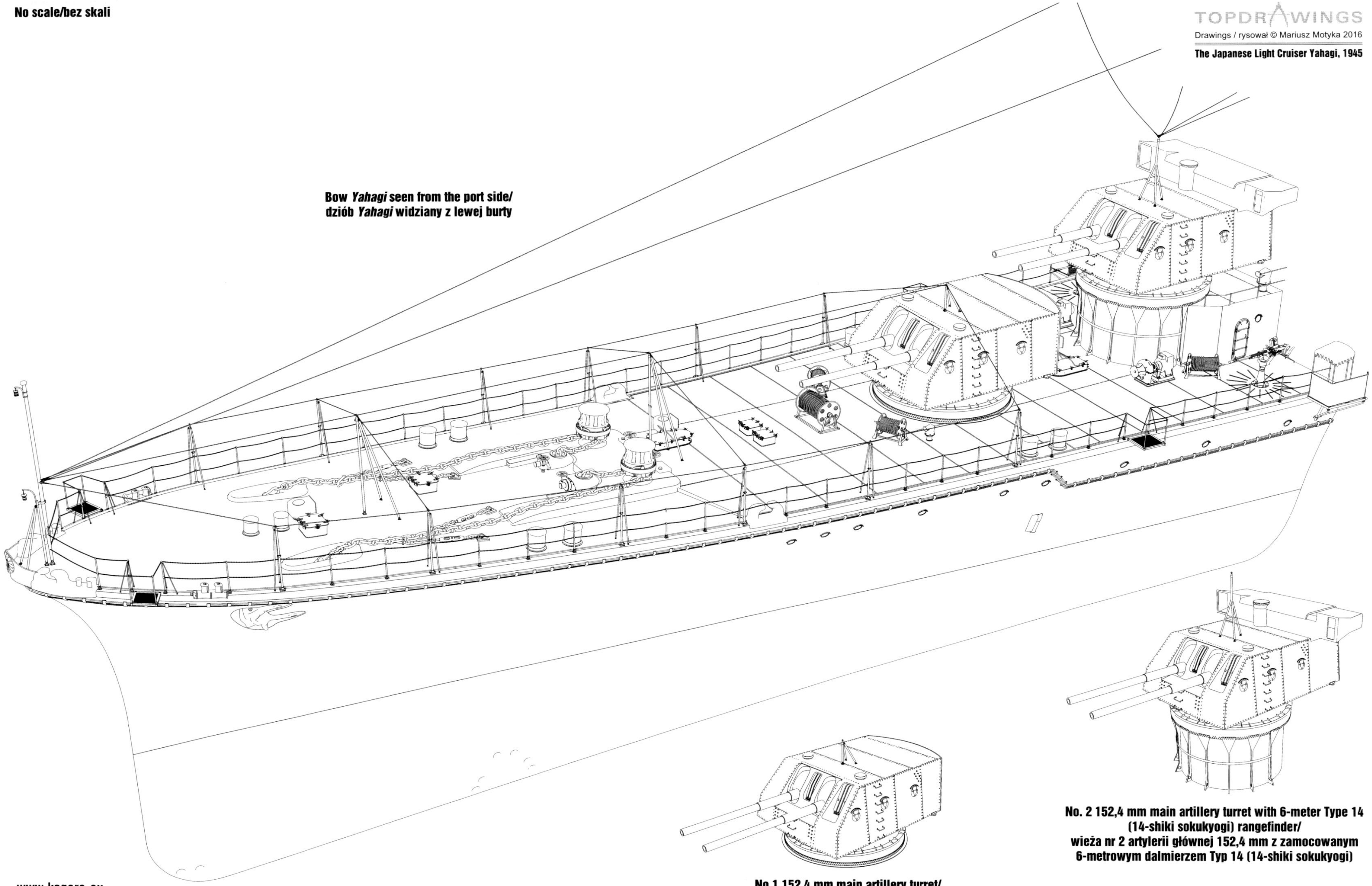

No scale/bez skali

**Bow *Yahagi* seen from the port side/
dziób *Yahagi* widziany z lewej burty**

**No. 2 152,4 mm main artillery turret with 6-meter Type 14
(14-shiki sokukyogi) rangefinder/
wieża nr 2 artylerii głównej 152,4 mm z zamocowanym
6-metrowym dalmierzem Typ 14 (14-shiki sokukyogi)**

**No.1 152,4 mm main artillery turret/
wieża nr 1 artylerii głównej 152,4 mm**

Sheet/Arkusz 4

www.kagero.eu
www.shop.kagero.pl

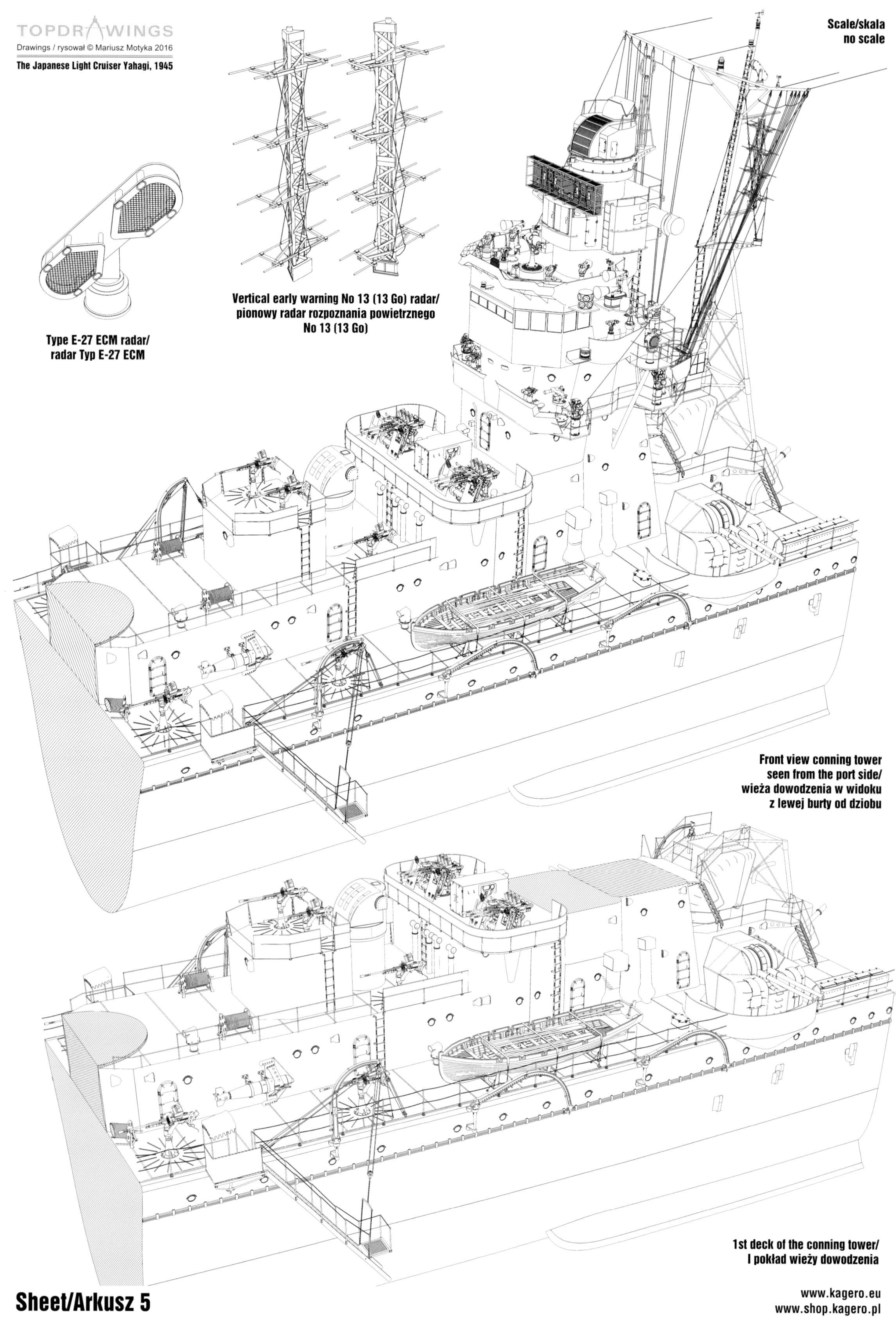

TOPDRAWINGS
Drawings / rysował © Mariusz Motyka 2016
The Japanese Light Cruiser Yahagi, 1945
Scale/skala
no scale
Type E-27 ECM radar/
radar Typ E-27 ECM
Vertical early warning No 13 (13 Go) radar/
pionowy radar rozpoznania powietrznego
No 13 (13 Go)
Front view conning tower
seen from the port side/
wieża dowodzenia w widoku
z lewej burty od dziobu
1st deck of the conning tower/
I pokład wieży dowodzenia
Sheet/Arkusz 5
www.kagero.eu
www.shop.kagero.pl

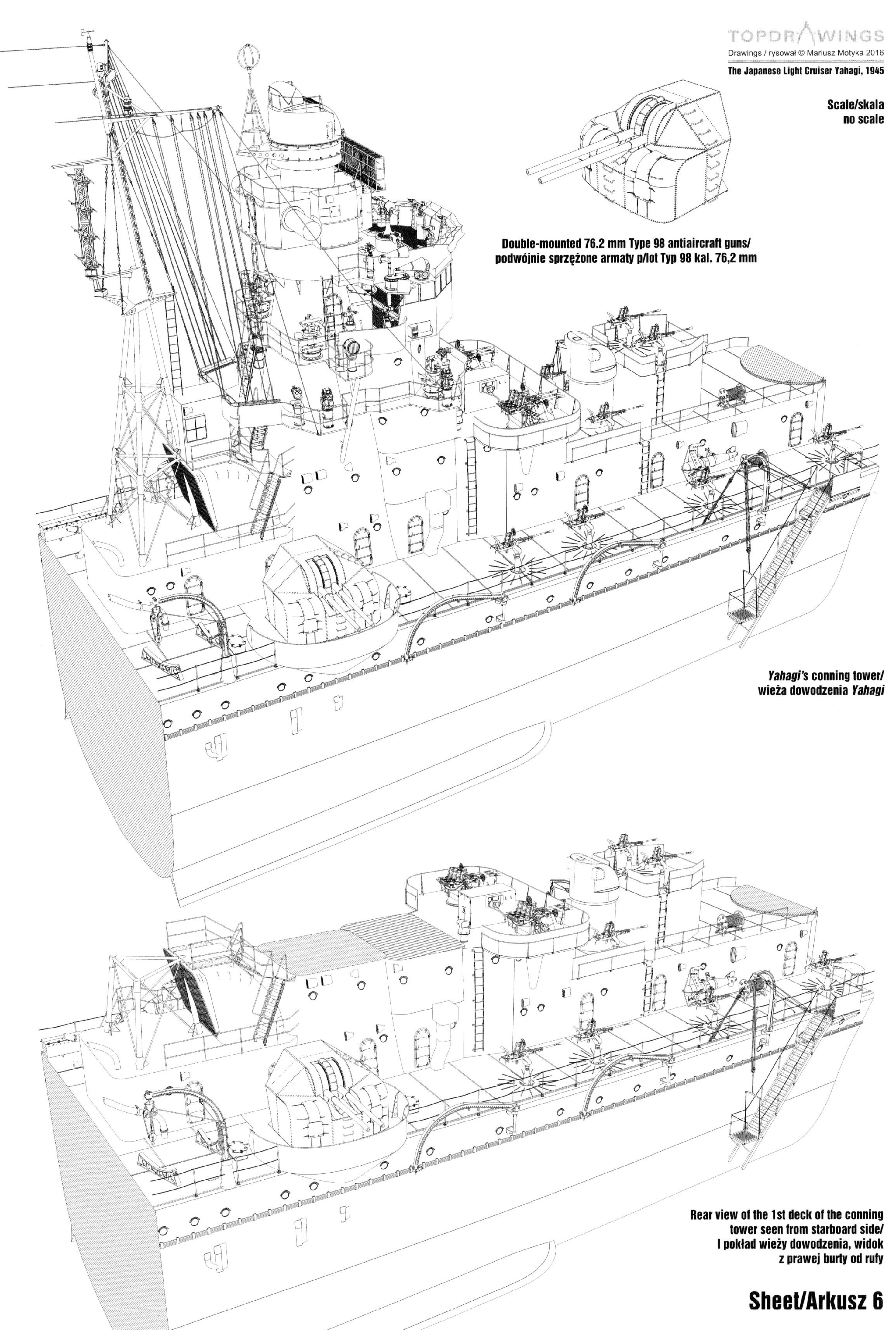

Yahagi's conning tower/
wieża dowodzenia *Yahagi*

Rear view of the 1st deck of the conning
tower seen from starboard side/
I pokład wieży dowodzenia, widok
z prawej burty od rufy

Sheet/Arkusz 6

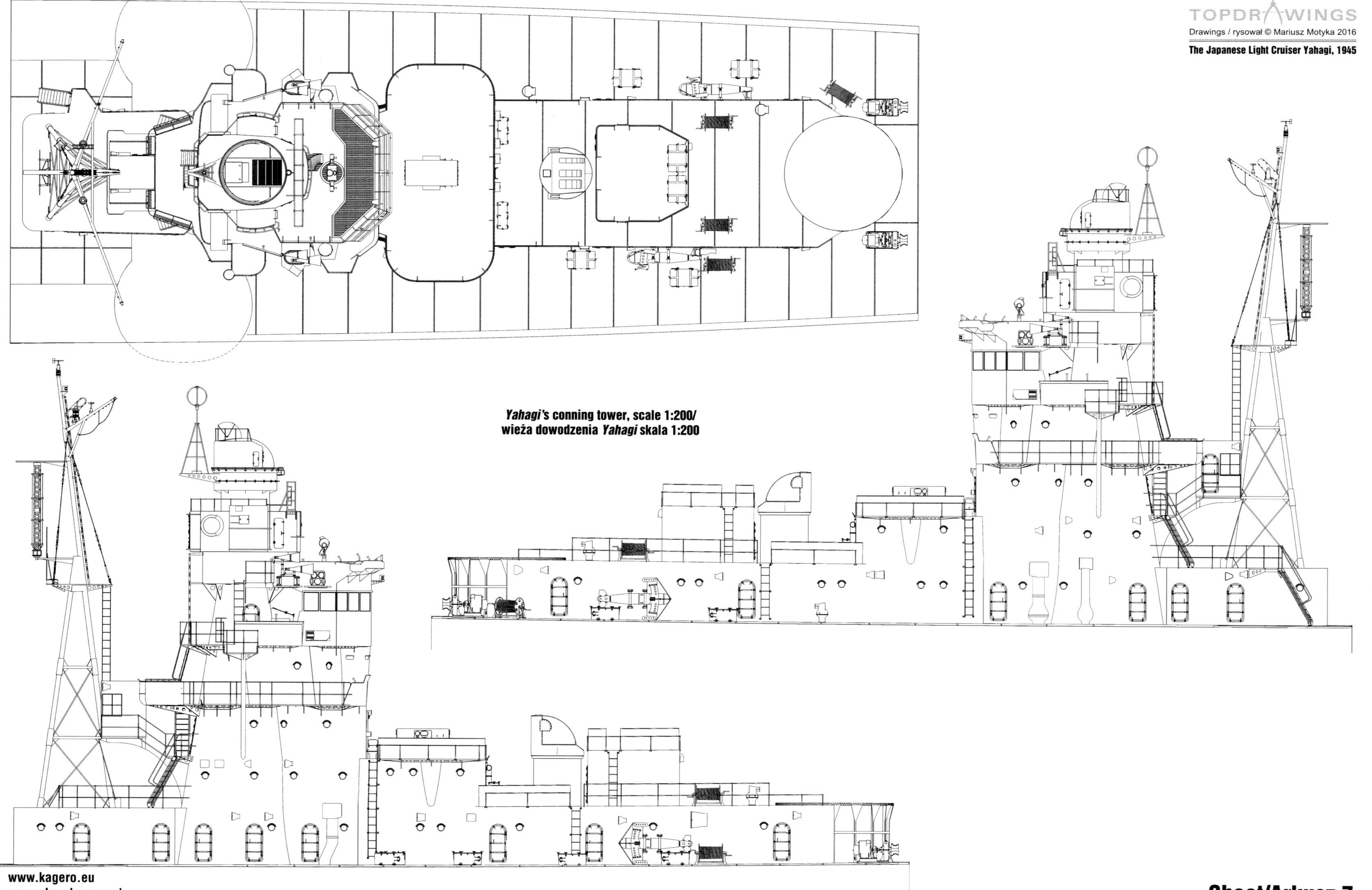

TOPDRAWINGS
Drawings / rysował © Mariusz Motyka 2016
The Japanese Light Cruiser Yahagi, 1945
Yahagi's conning tower, scale 1:200/
wieża dowodzenia Yahagi skala 1:200
www.kagero.eu
www.shop.kagero.pl
Sheet/Arkusz 7

No scale/bez skali

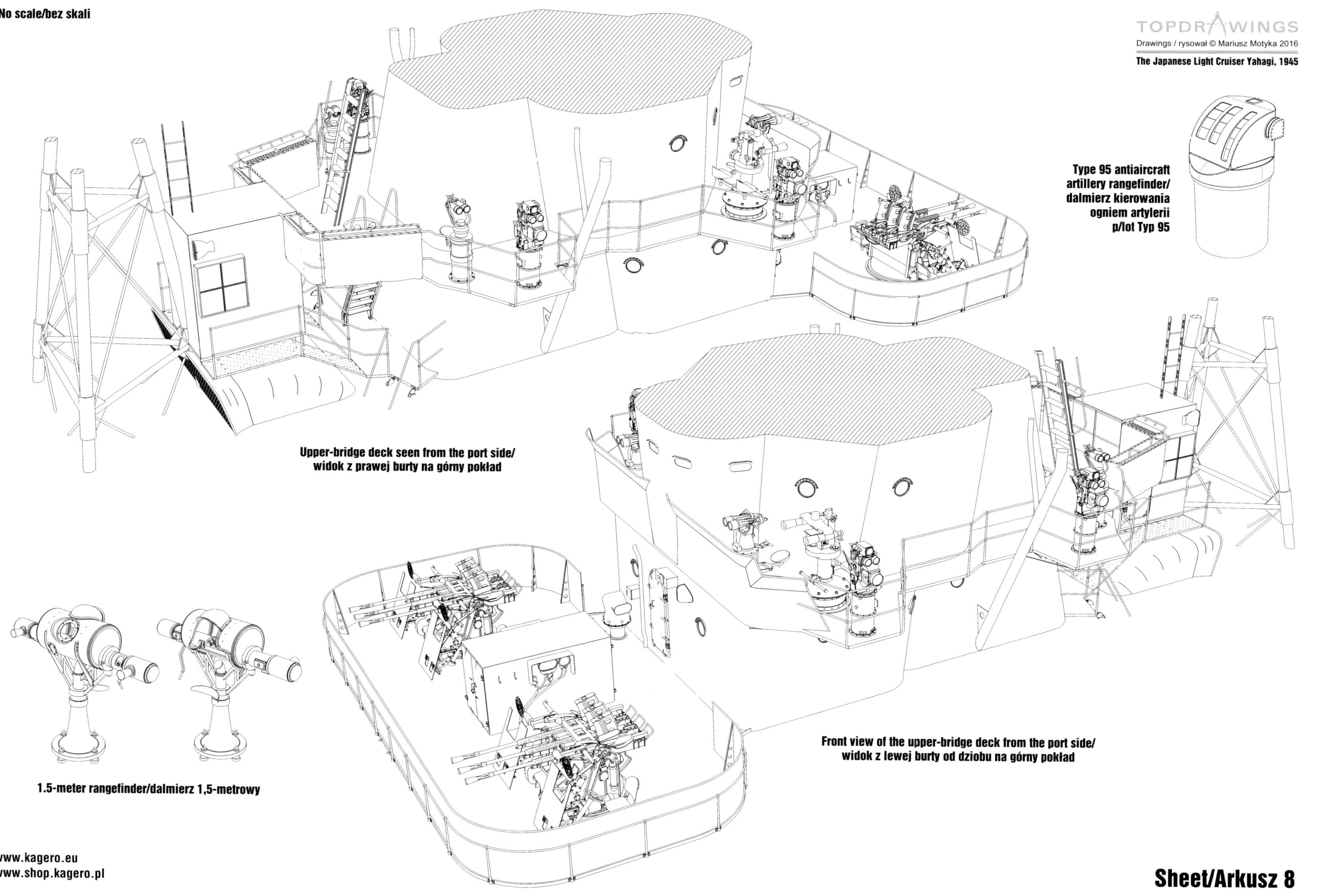

Sheet/Arkusz 8

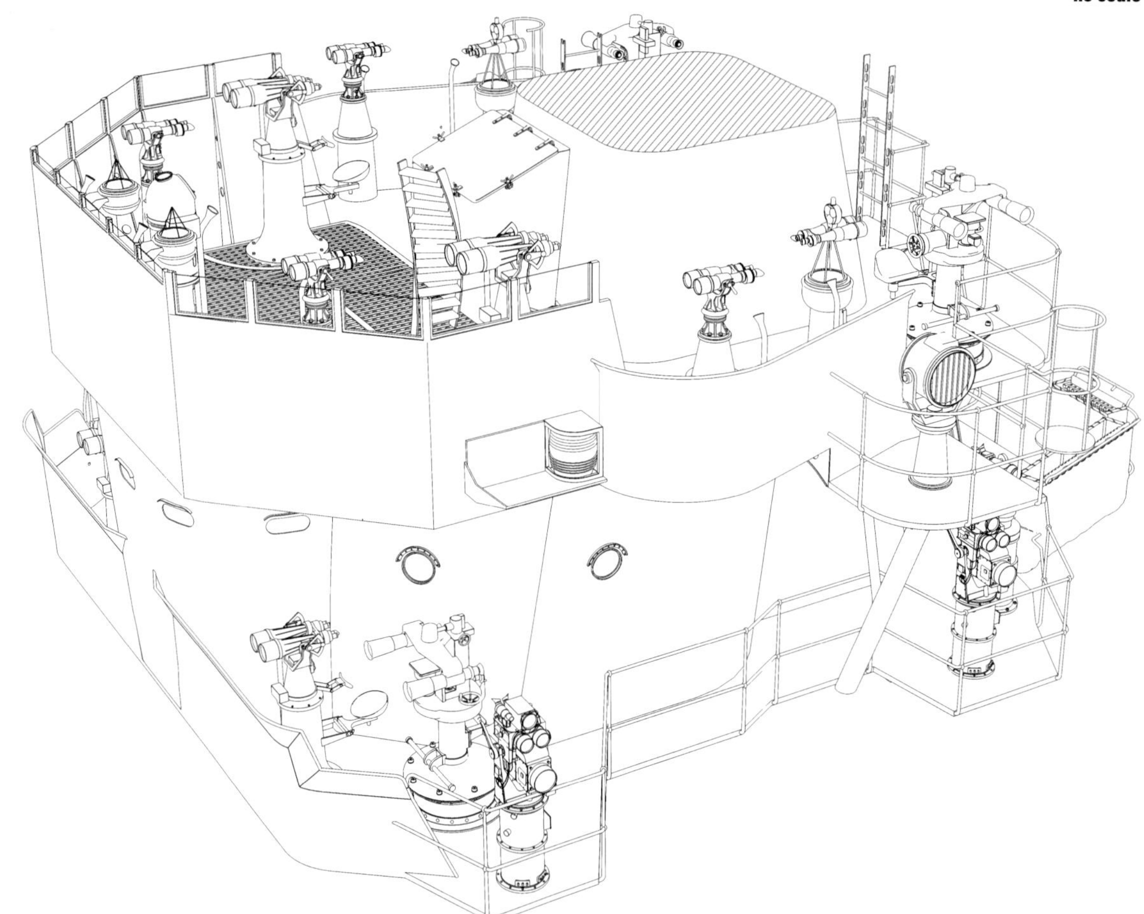

**40-cm signal light/
reflektor sygnalizacyjny
o średnicy lustra 40 cm**

**Compass bridge and upper-bridge deck below seen from the port side/
widok z lewej burty na pokład kompasowy i poniżej znajdujący się górny pokład**

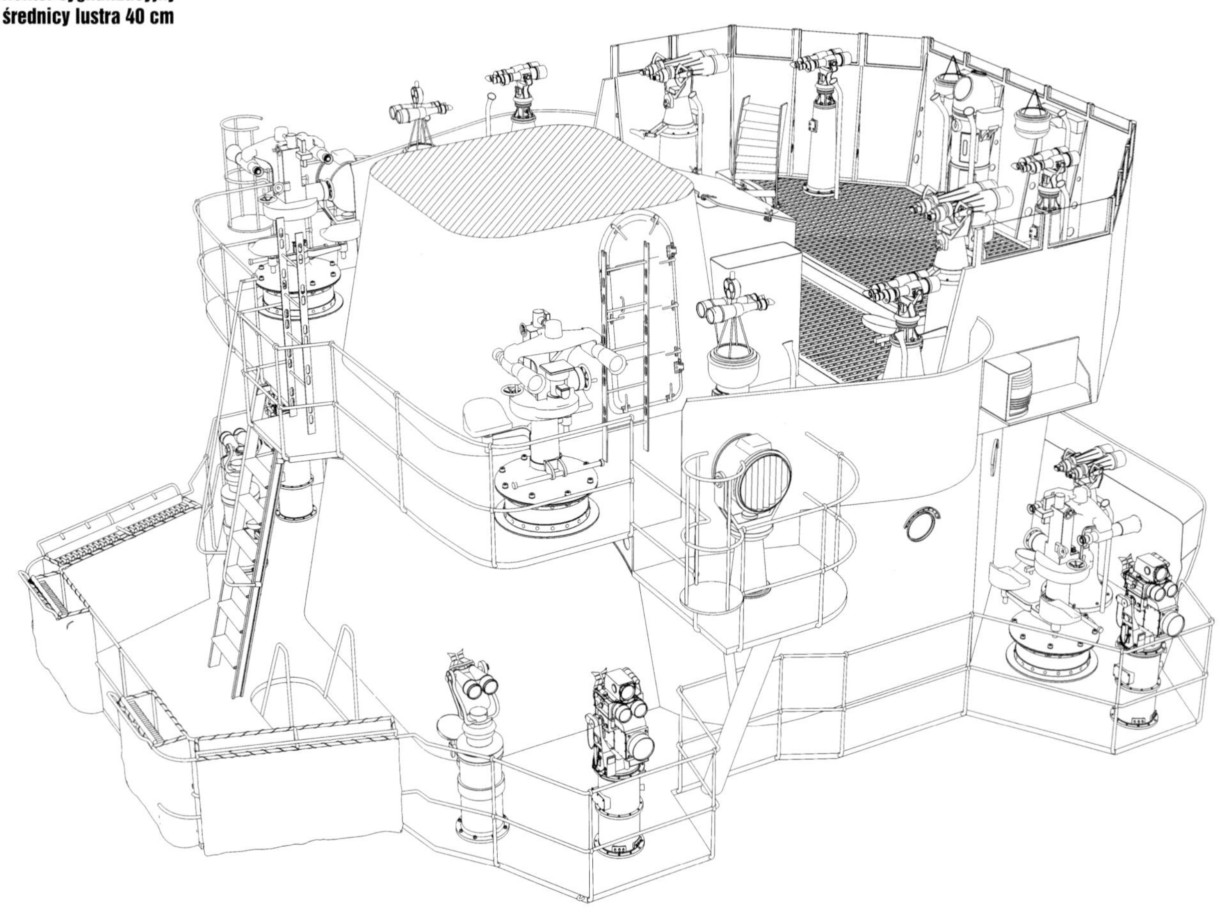

**Rear view of the compass bridge and upper-bridge deck below from the starboard side/
widok z prawej burty od rufy na pokład kompasowy i górny pokład**

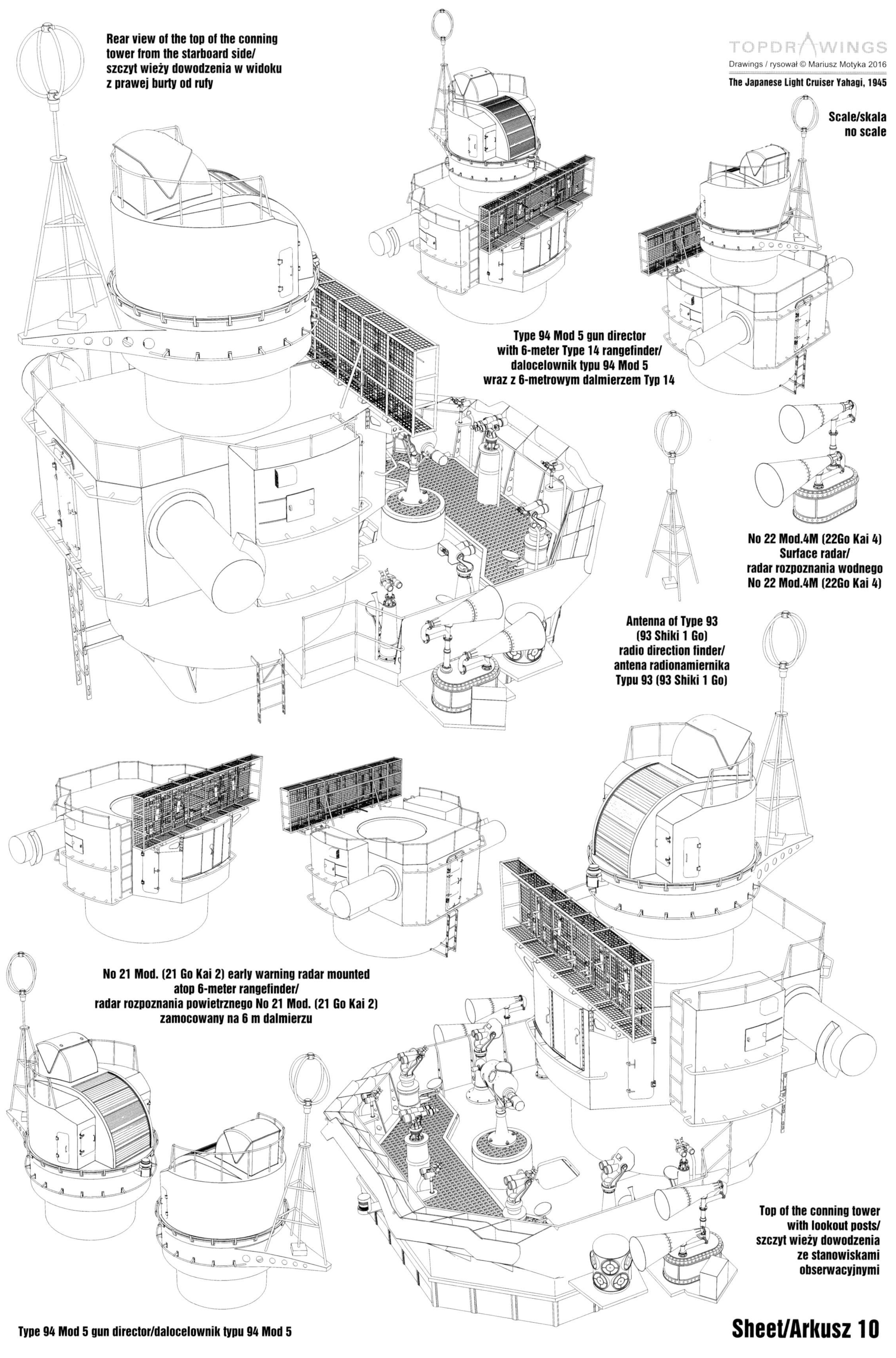

Rear view of the top of the conning
tower from the starboard side/
szczyt wieży dowodzenia w widoku
z prawej burty od rufy

TOPDRAWINGS
Drawings / rysował © Mariusz Motyka 2016
The Japanese Light Cruiser Yahagi, 1945

Scale/skala
no scale

Type 94 Mod 5 gun director
with 6-meter Type 14 rangefinder/
dalocelownik typu 94 Mod 5
wraz z 6-metrowym dalmierzem Typ 14

No 22 Mod.4M (22Go Kai 4)
Surface radar/
radar rozpoznania wodnego
No 22 Mod.4M (22Go Kai 4)

Antenna of Type 93
(93 Shiki 1 Go)
radio direction finder/
antena radionamiernika
Typu 93 (93 Shiki 1 Go)

No 21 Mod. (21 Go Kai 2) early warning radar mounted
atop 6-meter rangefinder/
radar rozpoznania powietrznego No 21 Mod. (21 Go Kai 2)
zamocowany na 6 m dalmierzu

Top of the conning tower
with lookout posts/
szczyt wieży dowodzenia
ze stanowiskami
obserwacyjnymi

Type 94 Mod 5 gun director/dalocelownik typu 94 Mod 5

Sheet/Arkusz 10

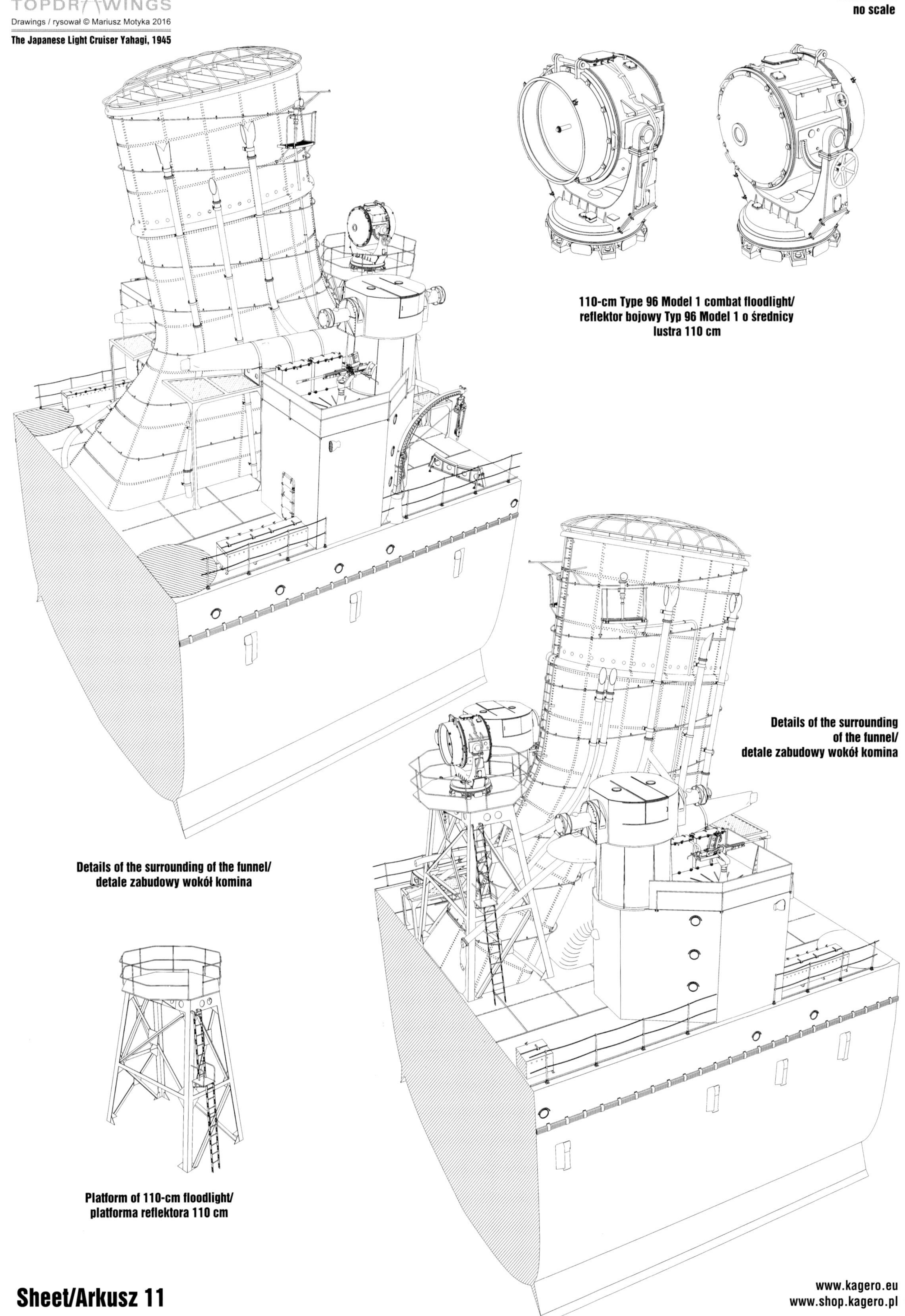

**110-cm Type 96 Model 1 combat floodlight/
reflektor bojowy Typ 96 Model 1 o średnicy
lustra 110 cm**

**Details of the surrounding
of the funnel/
detale zabudowy wokół komina**

**Details of the surrounding of the funnel/
detale zabudowy wokół komina**

**Platform of 110-cm floodlight/
platforma reflektora 110 cm**

Sheet/Arkusz 11

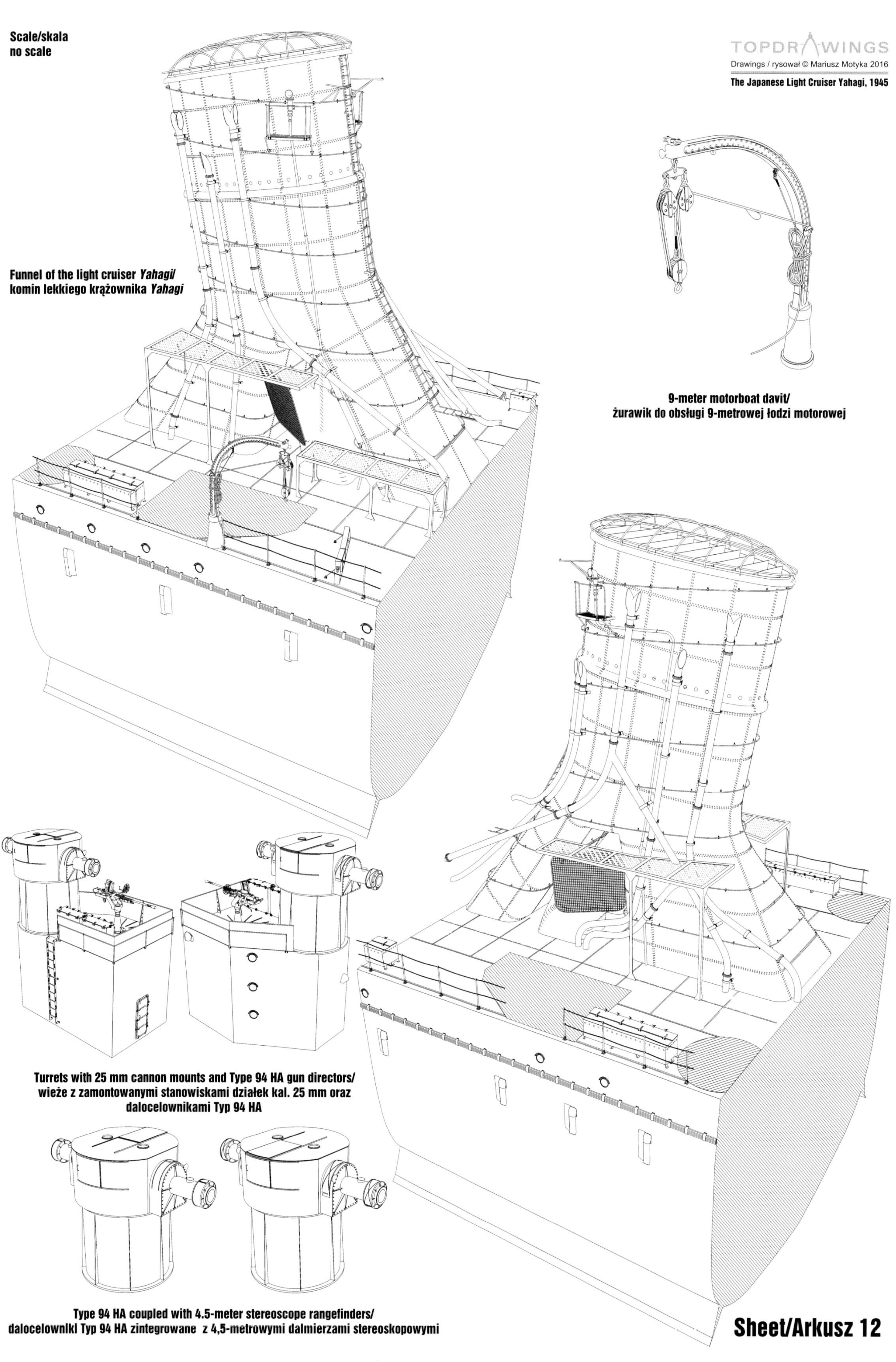

**Funnel of the light cruiser *Yahagi*/
komin lekkiego krążownika *Yahagi***

**9-meter motorboat davit/
żurawik do obsługi 9-metrowej łodzi motorowej**

**Turrets with 25 mm cannon mounts and Type 94 HA gun directors/
wieże z zamontowanymi stanowiskami działek kal. 25 mm oraz
dalocelownikami Typ 94 HA**

**Type 94 HA coupled with 4.5-meter stereoscope rangefinders/
dalocelownlkl Typ 94 HA zintegrowane z 4,5-metrowymi dalmierzami stereoskopowymi**

Sheet/Arkusz 12

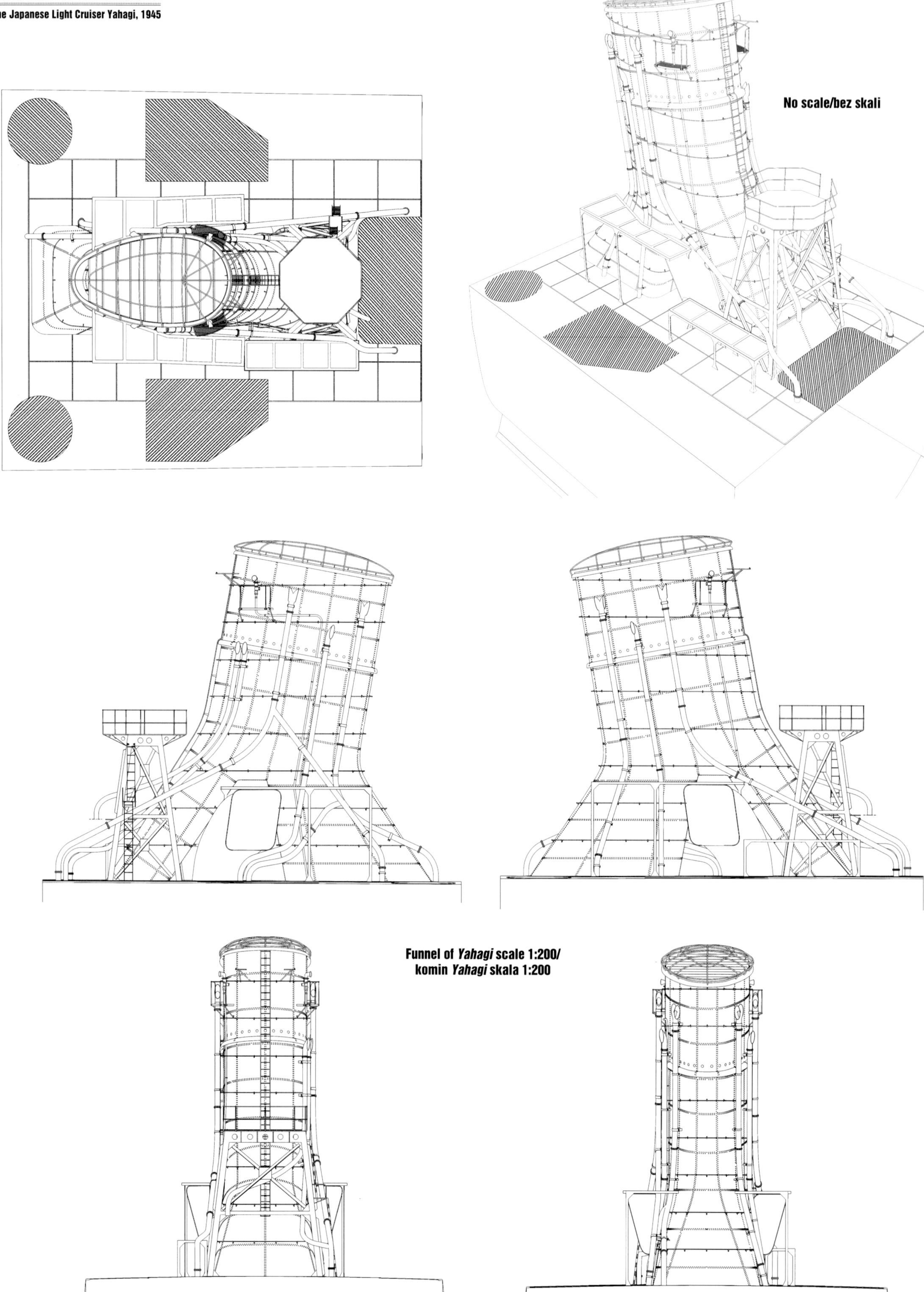

TOPDRAWINGS
Drawings / rysował © Mariusz Motyka 2016
The Japanese Light Cruiser Yahagi, 1945
No scale/bez skali
Funnel of Yahagi scale 1:200/
komin Yahagi skala 1:200
Sheet/Arkusz 13
www.kagero.eu
www.shop.kagero.pl

Front view of *Yahagi*'s midship from the port side/
śródokręcie *Yahagi* w widoku z lewej burty do dziobu

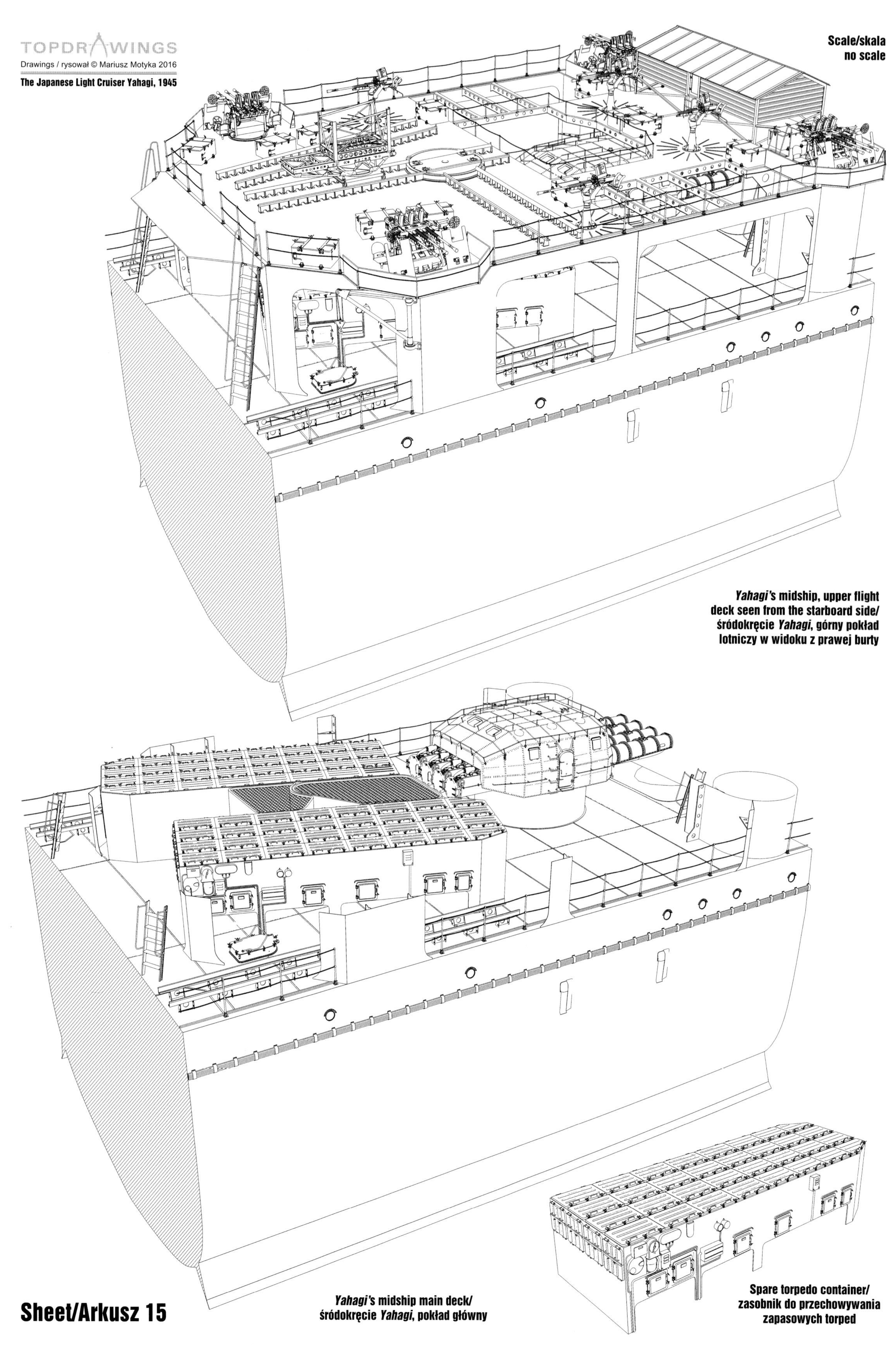

Yahagi's midship, upper flight deck seen from the starboard side/
śródokręcie *Yahagi*, górny pokład lotniczy w widoku z prawej burty

Yahagi's midship main deck/
śródokręcie *Yahagi*, pokład główny

Spare torpedo container/
zasobnik do przechowywania zapasowych torped

Sheet/Arkusz 15

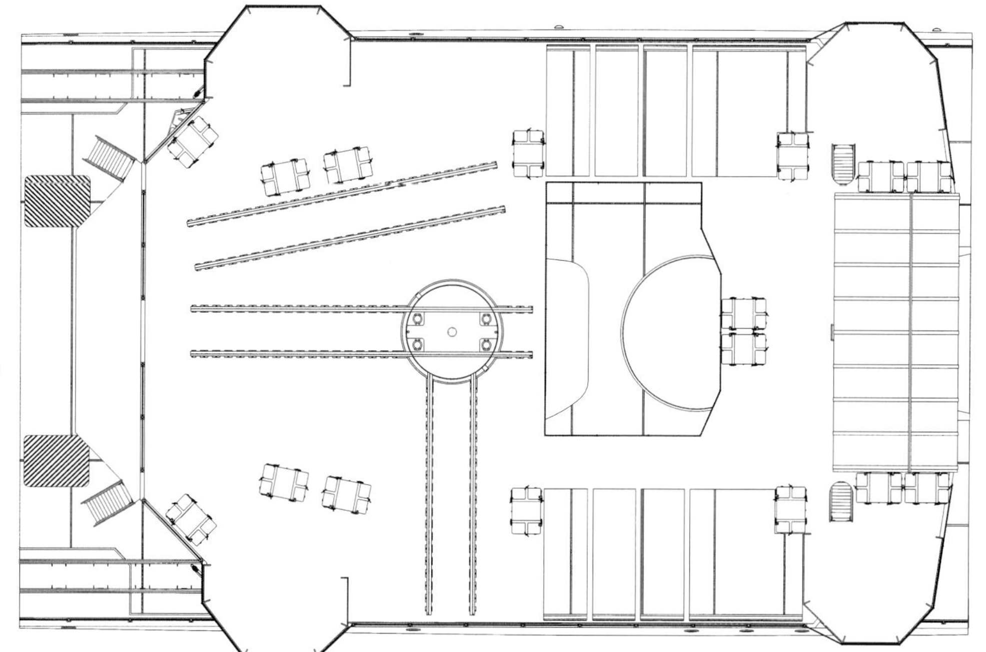

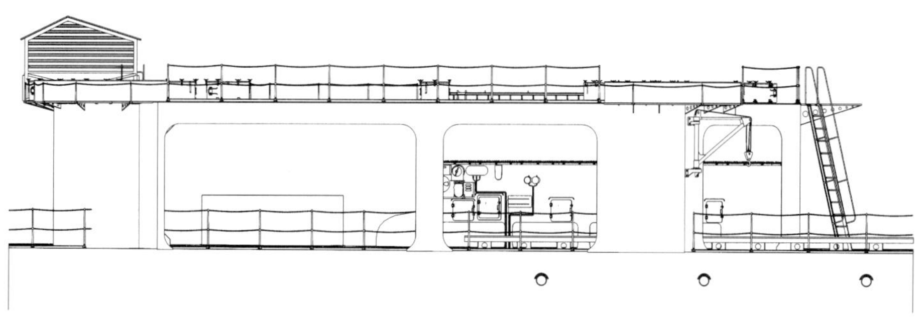

Yahagi's midship scale 1:200/
śródokręcie *Yahagi* skala 1:200

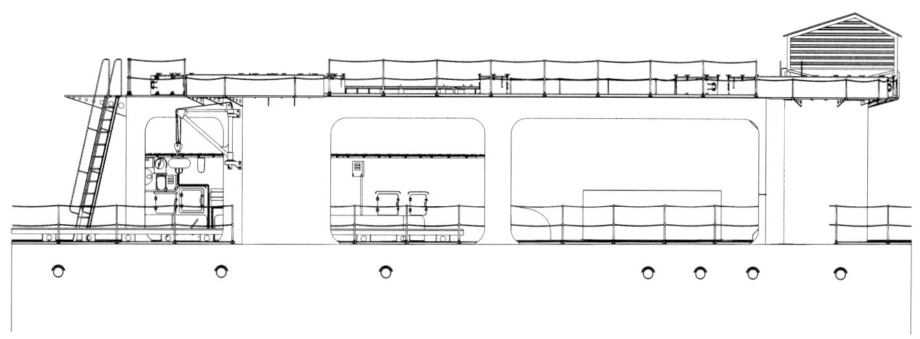

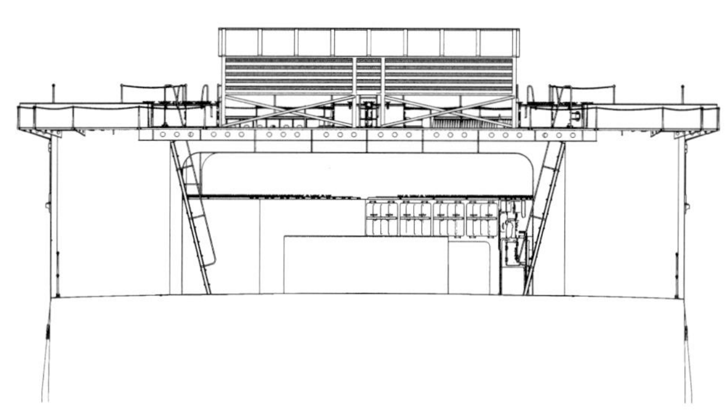

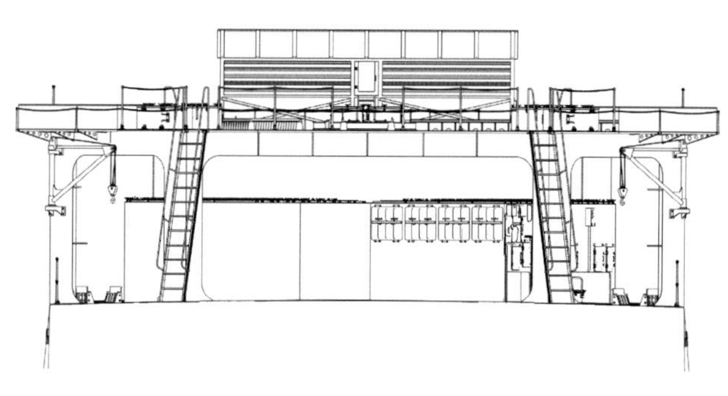

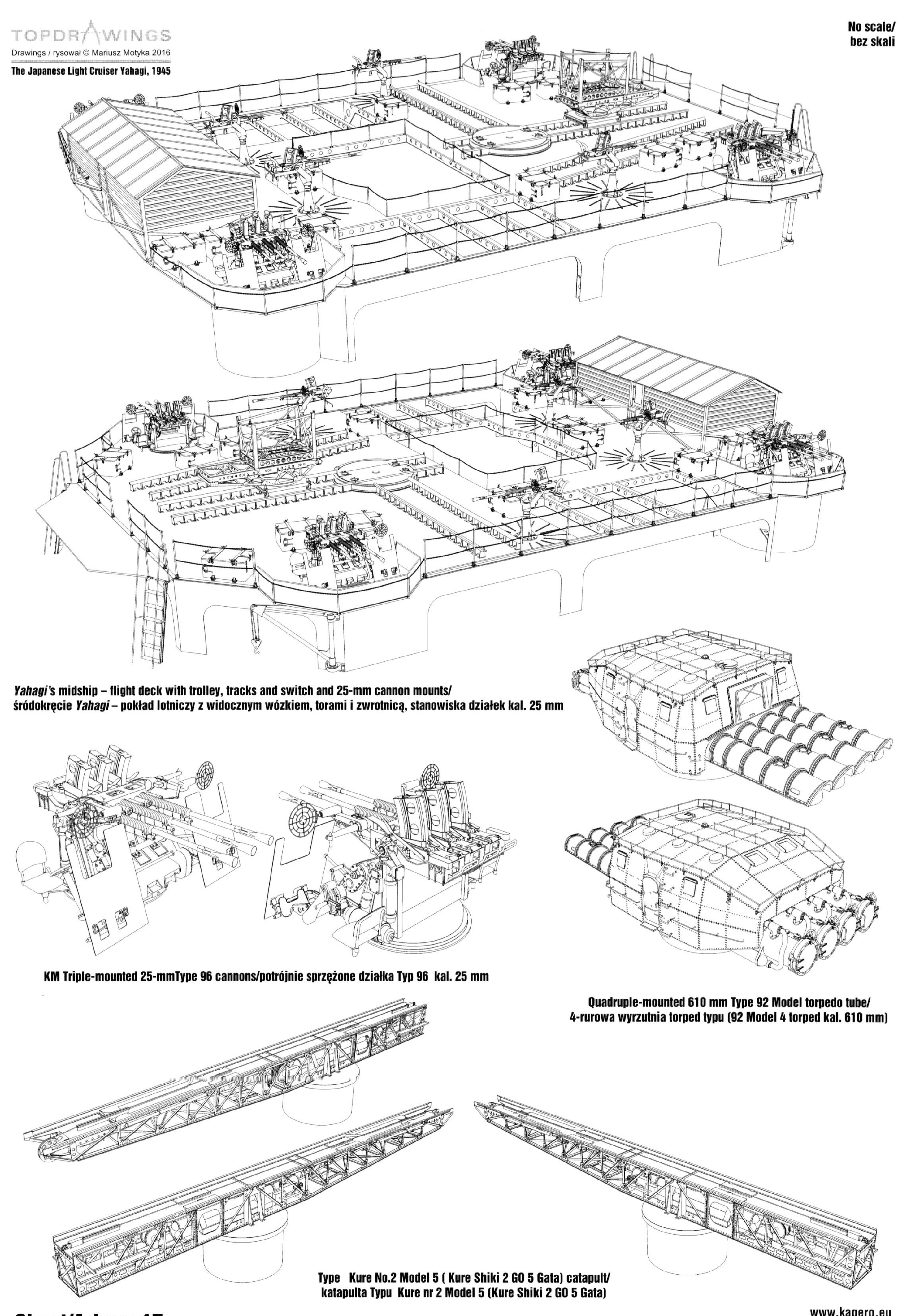

Yahagi's midship – flight deck with trolley, tracks and switch and 25-mm cannon mounts/
śródokręcie *Yahagi* – pokład lotniczy z widocznym wózkiem, torami i zwrotnicą, stanowiska działek kal. 25 mm

KM Triple-mounted 25-mmType 96 cannons/potrójnie sprzężone działka Typ 96 kal. 25 mm

Quadruple-mounted 610 mm Type 92 Model torpedo tube/
4-rurowa wyrzutnia torped typu (92 Model 4 torped kal. 610 mm)

Type   Kure No.2 Model 5 (Kure Shiki 2 GO 5 Gata) catapult/
katapulta Typu Kure nr 2 Model 5 (Kure Shiki 2 GO 5 Gata)

Sheet/Arkusz 17

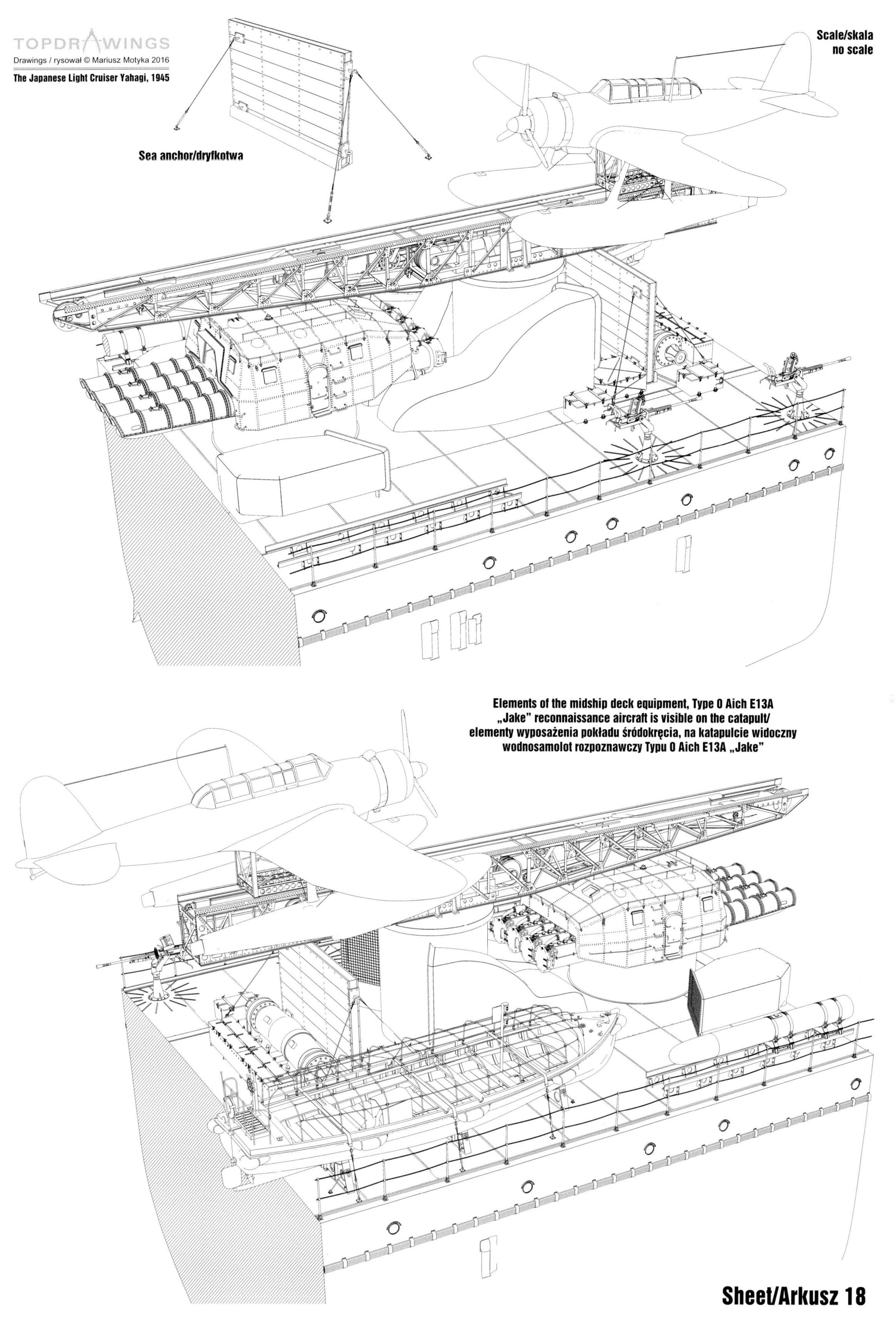

TOPDRAWINGS
Drawings / rysował © Mariusz Motyka 2016
The Japanese Light Cruiser Yahagi, 1945
Scale/skala
no scale
Sea anchor/dryfkotwa
Elements of the midship deck equipment, Type 0 Aich E13A
„Jake" reconnaissance aircraft is visible on the catapult/
elementy wyposażenia pokładu śródokręcia, na katapulcie widoczny
wodnosamolot rozpoznawczy Typu 0 Aich E13A „Jake"
Sheet/Arkusz 18

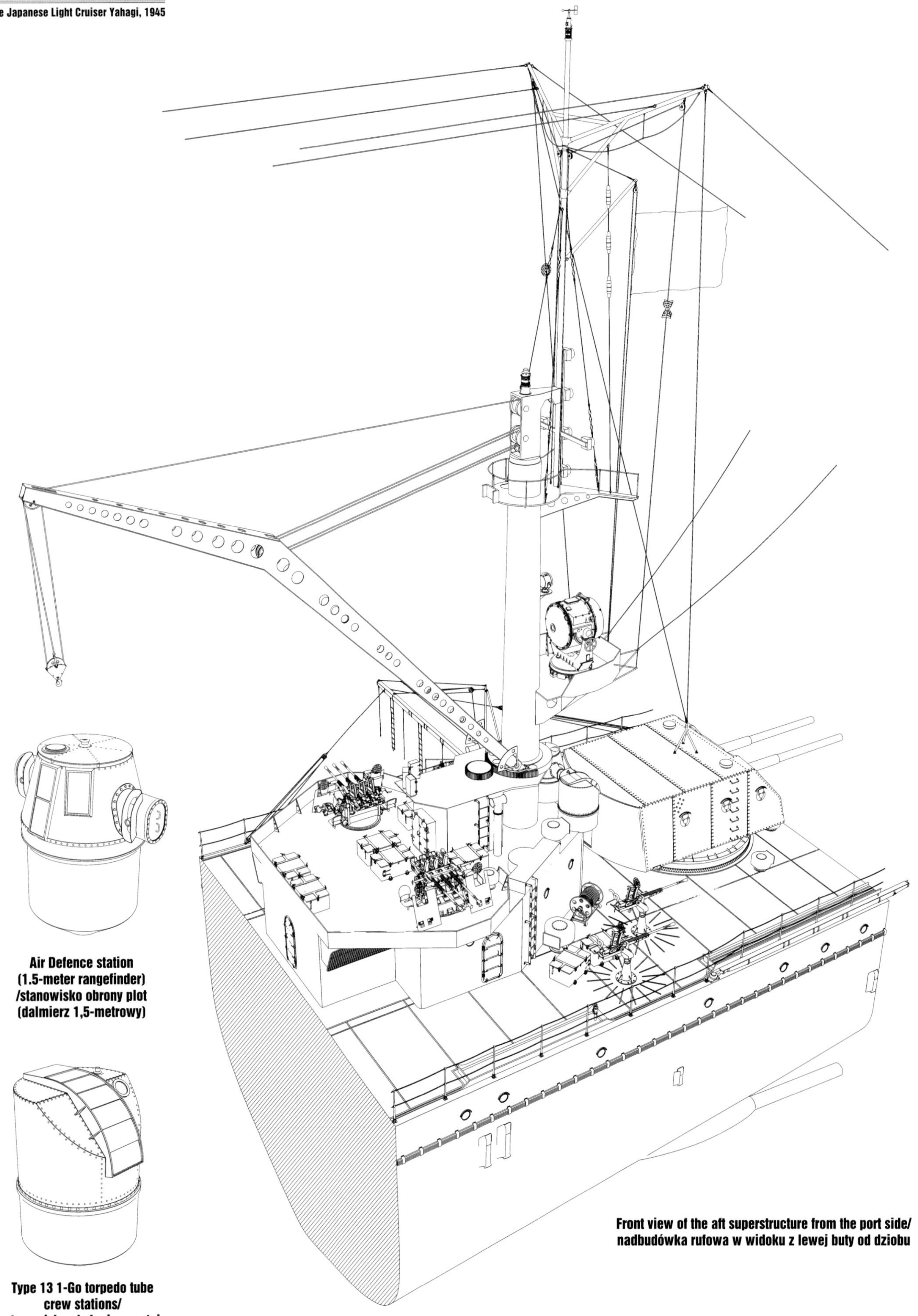

TOPDRAWINGS
Drawings / rysował © Mariusz Motyka 2016
The Japanese Light Cruiser Yahagi, 1945
Scale/skala
no scale
Air Defence station
(1.5-meter rangefinder)
/stanowisko obrony plot
(dalmierz 1,5-metrowy)
Type 13 1-Go torpedo tube
crew stations/
stanowisko obsługi wyrzutni
torped (Typu 13 1-Go)
Front view of the aft superstructure from the port side/
nadbudówka rufowa w widoku z lewej buty od dziobu
Sheet/Arkusz 19
www.kagero.eu
www.shop.kagero.pl

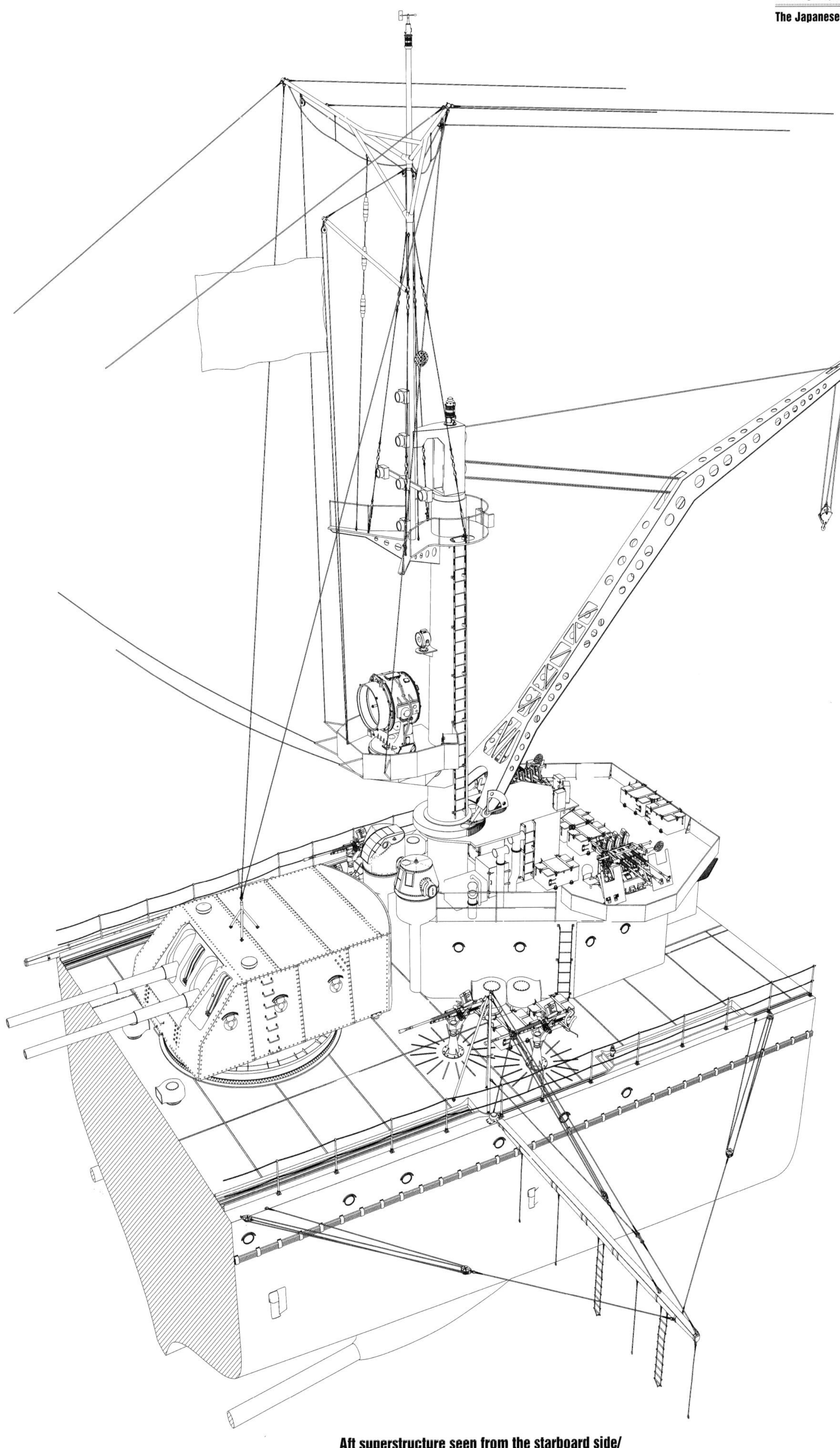

Aft superstructure seen from the starboard side/
nadbudówka rufowa w widoku z prawej burty

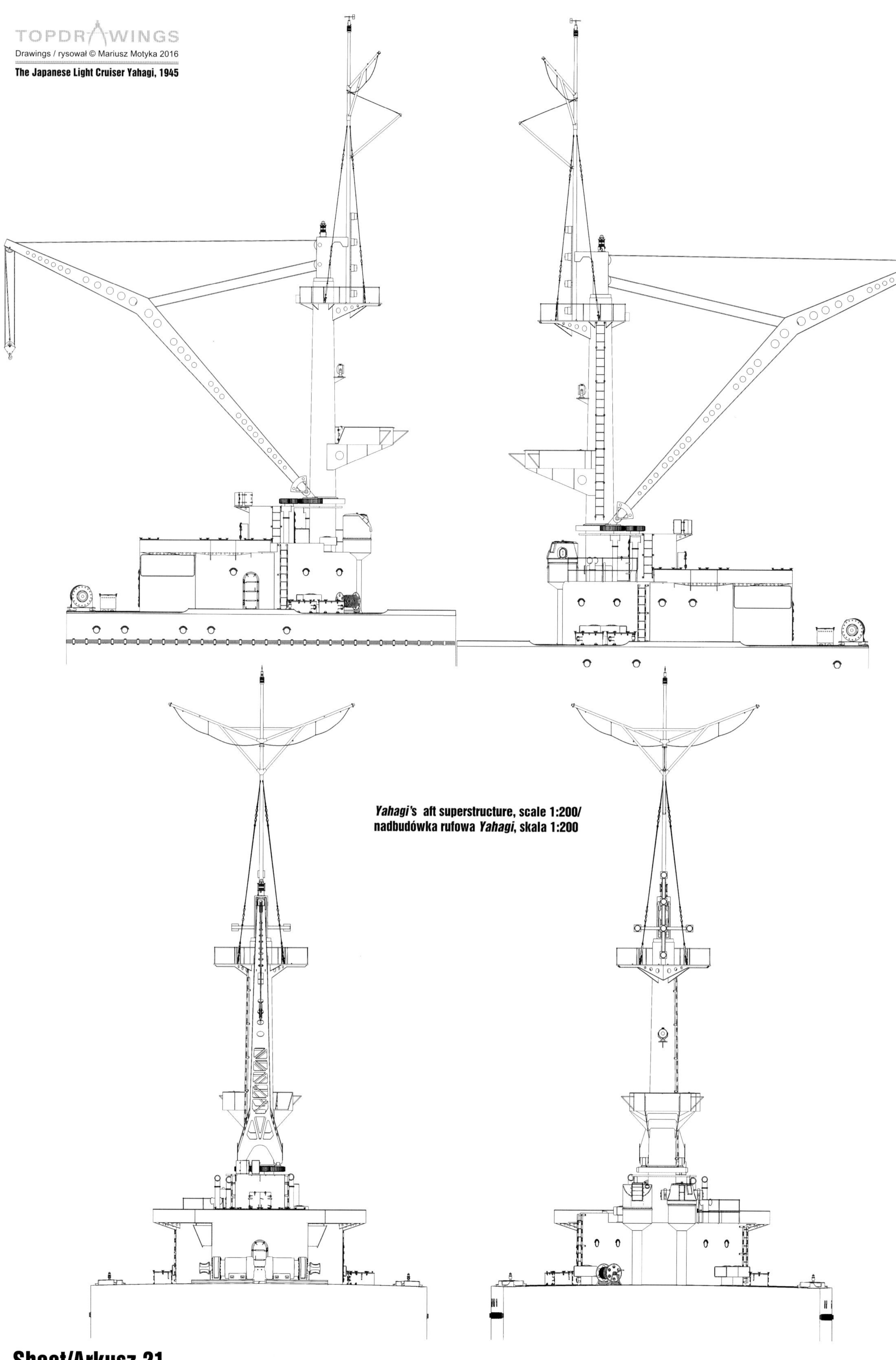

Yahagi's aft superstructure, scale 1:200/
nadbudówka rufowa *Yahagi*, skala 1:200

Sheet/Arkusz 21

No scale/bez skali

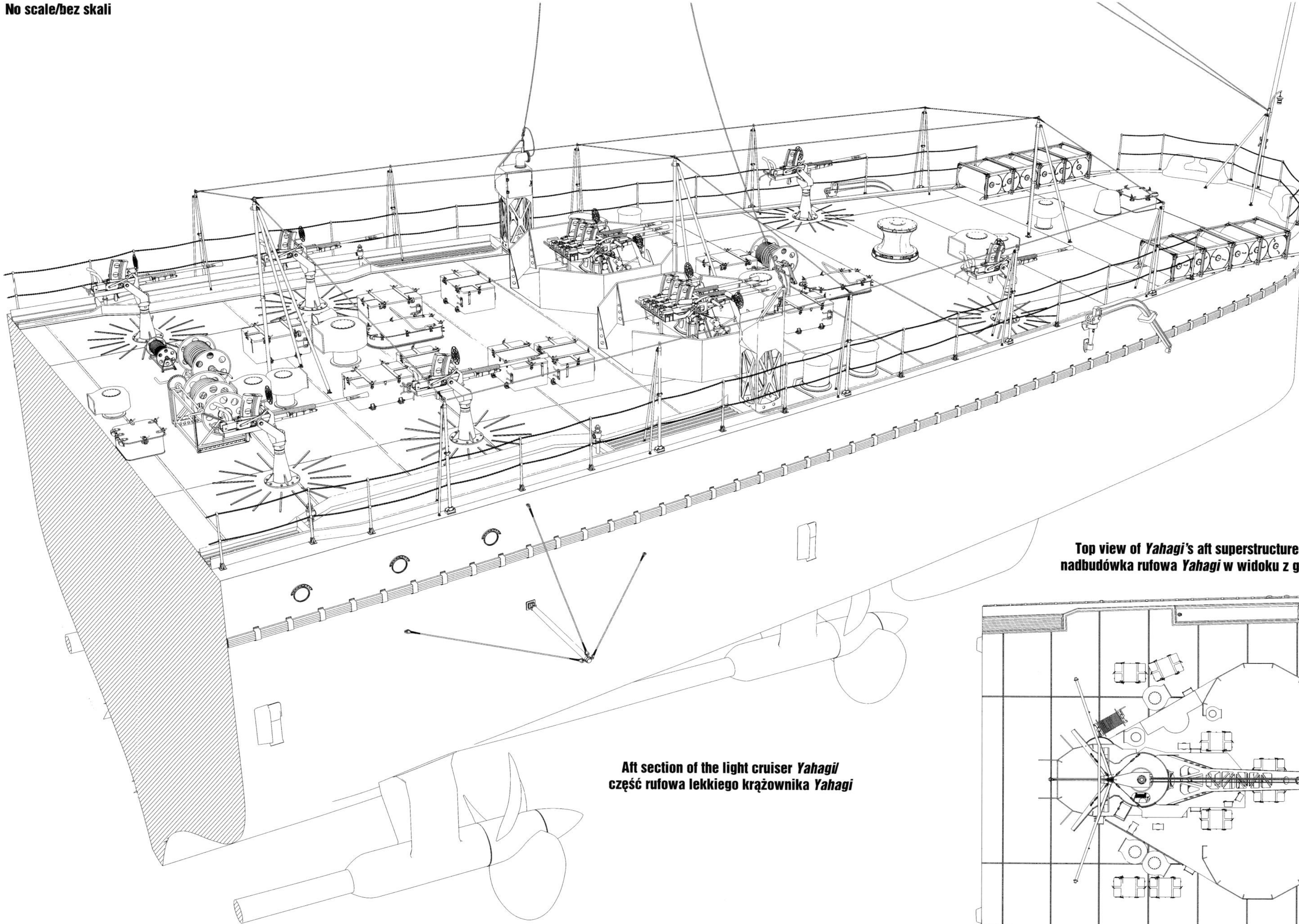

Top view of *Yahagi*'s aft superstructure, scale 1:200/
nadbudówka rufowa *Yahagi* w widoku z góry, skala 1:200

Aft section of the light cruiser *Yahagi*/
część rufowa lekkiego krążownika *Yahagi*

Sheet/Arkusz 22

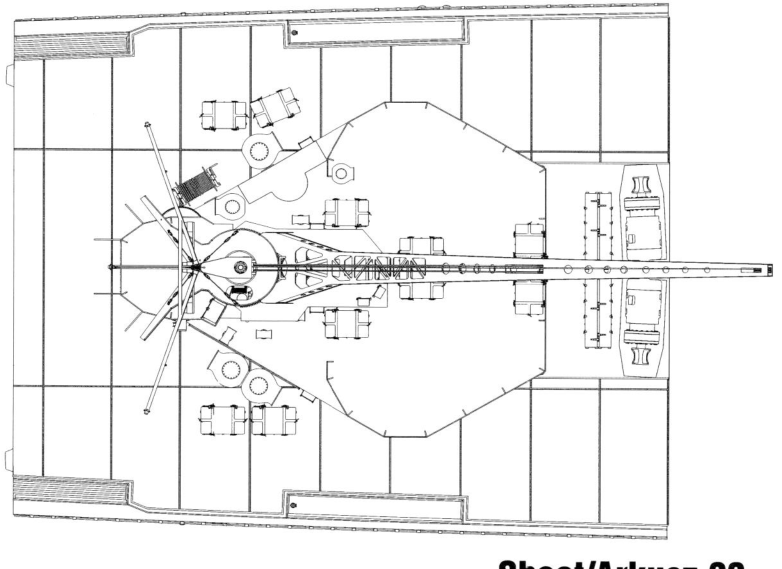

No scale/bez skali
TOPDRAWINGS
Drawings / rysował © Mariusz Motyka 2016
The Japanese Light Cruiser Yahagi, 1945 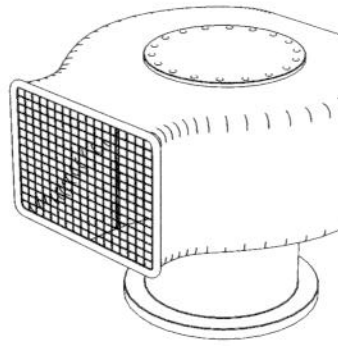
Vent/wentylator 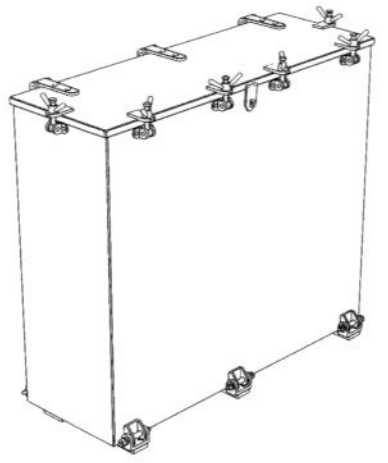
Ammunition box/
skrzynka amunicjyjna
Windlass/kołowrót 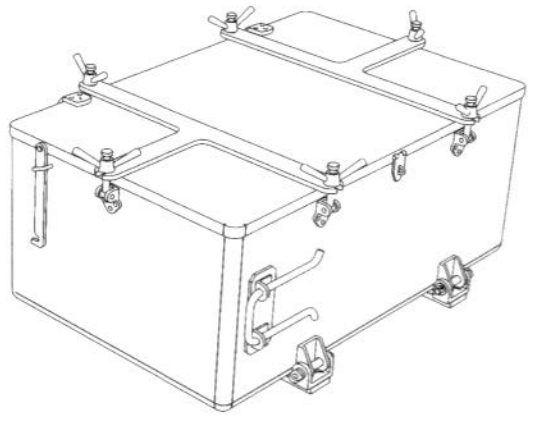
Ammunition box/
skrzynka amunicyjna 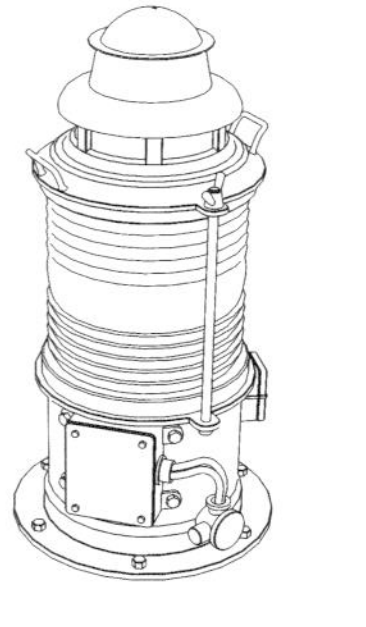
23 2kw Daylight signal
lantern/
lampa przeznaczona do
świetlnej sygnalizacji 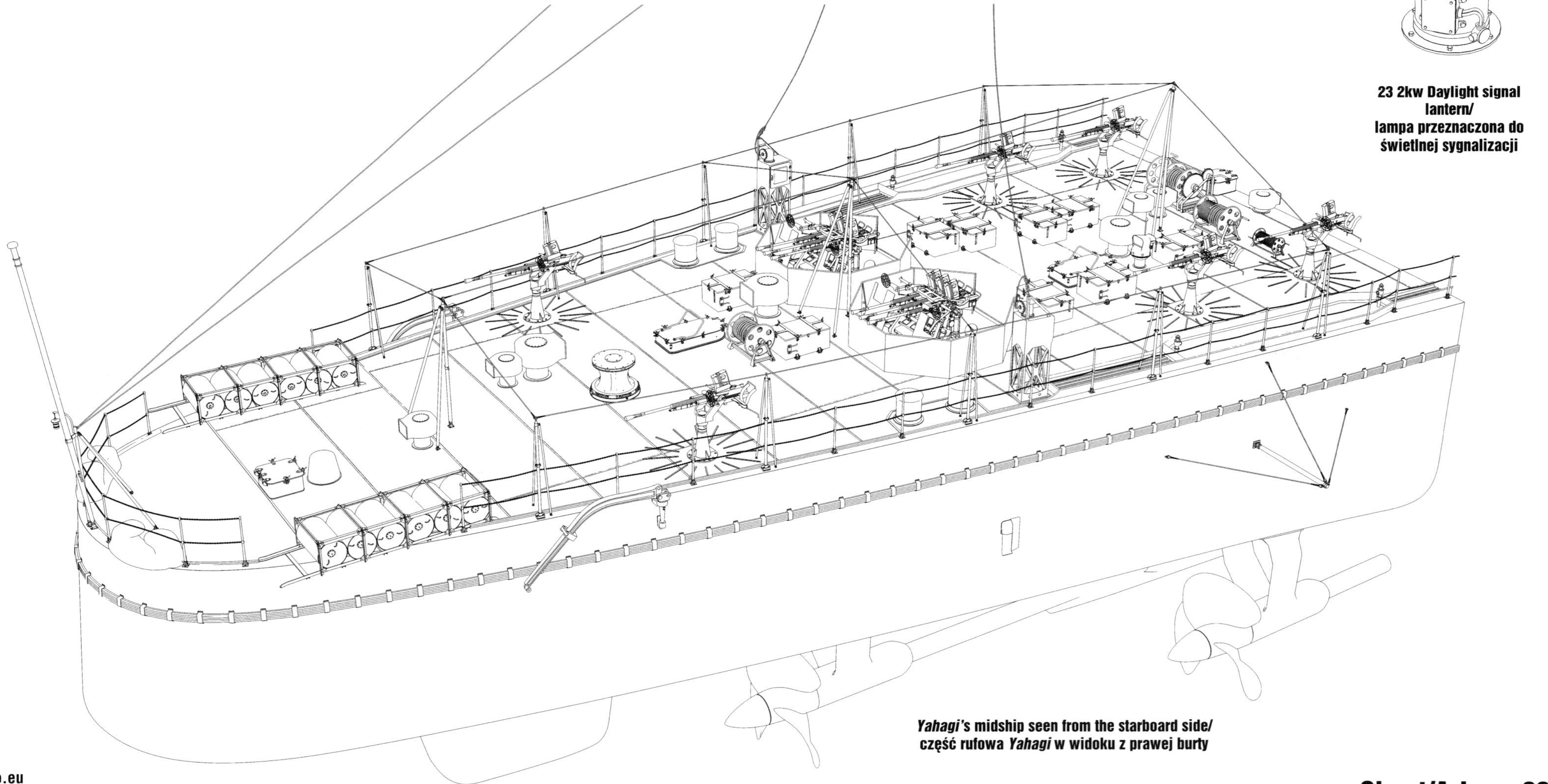
Yahagi's midship seen from the starboard side/
część rufowa Yahagi w widoku z prawej burty
www.kagero.eu
www.shop.kagero.pl
Sheet/Arkusz 23

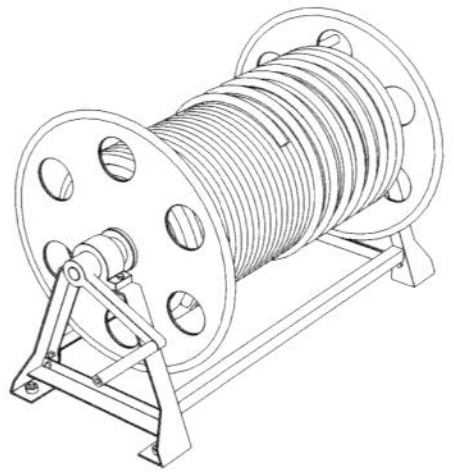